Este libro de laberintos pertenece a:

Contenido

CONTENIDO 3
LABERINTO 1 10
LABERINTO 2 11
LABERINTO 3 12
LABERINTO 4 13
LABERINTO 5 14
LABERINTO 6 15
LABERINTO 7 16
LABERINTO 8 17
LABERINTO 10 19
LABERINTO 11 20
LABERINTO 12 21
LABERINTO 13 22
LABERINTO 14 23
LABERINTO 15 24
LABERINTO 16 25
LABERINTO 17 26
LABERINTO 18 27
LABERINTO 19 28
LABERINTO 20 29
LABERINTO 21 30
LABERINTO 22 31
LABERINTO 23 32
LABERINTO 24 33
LABERINTO 25 34
LABERINTO 26 35
LABERINTO 27 36
LABERINTO 28 37

LABERINTO 59 68
LABERINTO 60 69
LABERINTO 61 70
LABERINTO 62 71
LABERINTO 63 72
LABERINTO 64 73
LABERINTO 65 74
LABERINTO 66 75
LABERINTO 67 76
LABERINTO 68 77
LABERINTO 69 78
LABERINTO 70 79
LABERINTO 71 80
LABERINTO 72 81
LABERINTO 73 82
LABERINTO 74 83
LABERINTO 75 84
LABERINTO 76 85
LABERINTO 77 86
LABERINTO 78 87
LABERINTO 79 88
LABERINTO 80 89
LABERINTO 81 90
LABERINTO 82 91
LABERINTO 83 92
LABERINTO 84 93
LABERINTO 85 94
LABERINTO 86 95
LABERINTO 87 96
LABERINTO 88 97

LABERINTO 1

LABERINTO 2

LABERINTO 3

LABERINTO 4

LABERINTO 5

LABERINTO 6

LABERINTO 7

LABERINTO 8

LABERINTO 9

LABERINTO 10

LABERINTO 11

LABERINTO 12

LABERINTO 13

LABERINTO 14

LABERINTO 15

LABERINTO 16

LABERINTO 17

LABERINTO 18

LABERINTO 19

LABERINTO 20

LABERINTO 21

LABERINTO 22

LABERINTO 23

LABERINTO 24

LABERINTO 25

LABERINTO 26

LABERINTO 27

LABERINTO 28

LABERINTO 29

LABERINTO 30

LABERINTO 31

LABERINTO 32

LABERINTO 33

LABERINTO 34

LABERINTO 35

LABERINTO 36

LABERINTO 37

LABERINTO 38

LABERINTO 39

LABERINTO 40

LABERINTO 41

LABERINTO 42

LABERINTO 43

LABERINTO 44

LABERINTO 45

LABERINTO 44

LABERINTO 45

LABERINTO 46

LABERINTO 47

LABERINTO 48

LABERINTO 49

LABERINTO 50

LABERINTO 51

LABERINTO 52

LABERINTO 53

LABERINTO 54

LABERINTO 55

LABERINTO 56

LABERINTO 57

LABERINTO 58

LABERINTO 59

LABERINTO 60

LABERINTO 61

LABERINTO 62

LABERINTO 63

LABERINTO 64

LABERINTO 65

LABERINTO 66

LABERINTO 67

LABERINTO 68

LABERINTO 69

LABERINTO 70

LABERINTO 71

LABERINTO 72

LABERINTO 73

LABERINTO 74

LABERINTO 75

LABERINTO 76

LABERINTO 77

LABERINTO 78

LABERINTO 79

LABERINTO 80

LABERINTO 81

LABERINTO 82

LABERINTO 83

LABERINTO 84

LABERINTO 85

LABERINTO 86

LABERINTO 87

LABERINTO 88

LABERINTO 89

LABERINTO 90

LABERINTO 91

LABERINTO 92

LABERINTO 93

LABERINTO 94

LABERINTO 95

LABERINTO 96

LABERINTO 97

LABERINTO 98

LABERINTO 99

LABERINTO 100

www.ingramcontent.com/pod-product-compliance
Lightning Source LLC
LaVergne TN
LVHW060823170826
845678LV00010B/1882
9798847217958